BEI GRIN MACHT SICH IHR
WISSEN BEZAHLT

Sponsoring im Fußball.
Interessen von Großsponsoren
an ausgewählten Beispielen

Dominik Ideler

Bibliografische Information der Deutschen Nationalbibliothek:

Die Deutsche Nationalbibliothek verzeichnet diese Publikation in der Deutschen Nationalbibliografie; detaillierte bibliografische Daten sind im Internet über http://dnb.d-nb.de abrufbar.

ISBN: 9783656703969
Dieses Buch ist auch als E-Book erhältlich.

© GRIN Publishing GmbH
Nymphenburger Straße 86
80636 München

Druck und Bindung: Books on Demand GmbH, Norderstedt Germany
Gedruckt auf säurefreiem Papier aus verantwortungsvollen Quellen

Das Buch bei GRIN: https://www.grin.com/document/277607

Sponsoring im Fußball – eine Betrachtung der Interessen von Großsponsoren an ausgewählten Beispielen

Facharbeit im Seminarfach: Gesellschaftliche, politische und ökonomische Aspekte im Sport

Albertus-Magnus-Gymnasium

Friesoythe

vorgelegt von

Dominik Ideler

Jahrgangsstufe 11

März 2014

Inhaltsverzeichnis

1. Einleitung

Bereits bei der ersten Auseinandersetzung mit dem Thema „Sponsoring im Fußball - eine Betrachtung der Interessen on Großsponsoren an ausgewählten Beispielen" ergeben sich signifikante Fragen: Wie lässt sich Sponsoring definieren? Wie kam es überhaupt zum Sponsoring? Was verbirgt sich hinter den Interessen einzelner Unternehmen am Sportsponsoring? Genau derartige Fragen sind es, welche das Thema so interessant machen.

Zunächst wird der Begriff des Sportsponsorings und seine Erscheinungsformen erläutert. Im weiteren Verlauf spiegelt die Facharbeit eine zeitlich chronologische Entwicklung des Sportsponsorings wider. Dabei werden sowohl Parallelen als auch Unterschiede zwischen Sponsoring in der Anfangsphase und dem Sponsoring heutzutage deutlich.

Des Weiteren wird das Sponsoring einer Fußballmannschaft im Detail beleuchtet. Dabei werden sowohl die Interessen von Sponsor und Gesponsorten als auch die Vor- und Nachteile, welche beim Sponsoring auftreten, dargelegt.

In Anlehnung an die allgemein gehaltenen Interessen der Unternehmen veranschaulicht der letzte Teil diese Aspekte anhand von zwei Beispielen. Bei diesen Beispielen handelt es sich um den Getränkehersteller Red Bull und im Gegensatz dazu um die Stiftung Unicef.
Dabei ist es interessant zu sehen, mit welchen Strategien und welchem Konzept sowohl Red Bull als auch Unicef ihre genannten Ziele erreichen wollen.

Da es sich um teils drastische Unterschiede dreht, handelt es sich um kein Thema, was auf ein paar Seiten abgehandelt werden kann.
So erfordert dieses Thema eine intensive Auseinandersetzung und ausgiebige Recherche, sodass eine Zusammenfassung zu neuen Erkenntnissen führt.

2. Definition des Sportsponsoring

2.1 Sponsoring

Unter Sponsoring versteht man die „Zuwendung von Finanz-, Sach- und/oder Dienstleistungen von einem Unternehmen, dem Sponsor, an eine Einzelperson, eine Gruppe von Personen oder eine Organisation bzw. Institution aus dem gesellschaftlichen Umfeld des Unternehmens[...]." (Hermanns 1997a: 36 f.)

Bezogen auf den Sport Fußball, kann man also von einem Prinzip des Geben und Nehmen sprechen. Die Sponsoren stellen den Mannschaften oder einzelnen Personen bestimmte Dienstleistungen oder Geldbeträge zur Verfügung, welche dann genutzt werden, um sich im Wettkampf einen Vorteil gegenüber anderen Mitstreitern zu verschaffen.

Im Gegenzug erhoffen sich die Sponsoren Aufmerksamkeit in der Öffentlichkeit. Wie diese Popularität dann genutzt wird, hängt von den jeweiligen Interessen der Sponsoren ab. Dabei kann es sich beispielsweise um die Vermarktung eines Produkts handeln. Dies ist jedoch nicht zwangsläufig der Fall, da es auch einige Sponsoren gibt, die lediglich ein gutes Bild in der Öffentlichkeit abgeben wollen, oder gewillt sind, gute Zwecke zu unterstützen.

2.2 Mäzen

Ein weiterer Begriff der häufig mit Sponsoring in Verbindung gebracht wird ist das Mäzenatentum. „Ein Mäzen fördert Personen oder Institutionen (z.B. Sportvereine) ohne Erwartung einer konkreten Gegenleistung durch den Geförderten." (Schröter 2014). Im Gegensatz zu den Sponsoren stehen die Mäzene in keinerlei Hinsicht in Verbindung mit der Sportart. Sie kaufen lediglich eine Mannschaft oder einen Verein, welche sich finanziell gegenüber anderen Vereinen abheben möchte. Was jedoch meist bei der Übernahme eines Mäzen aus den Augen gelassen wird, ist die Zukunft. Keiner der Verantwortlichen ist sich bewusst, welche Konsequenzen im Falle eines Rückzugs des Mäzen auf den Verein zukommen werden. Denn das Hauptinteresse der Mäzene besteht lediglich darin, Macht, Reichtum und Einfluss zu demonstrieren.

Diese Demonstration erfolgt meist durch das Bereitstellen von extrem hohen Geldbeträgen, um eine Mannschaft zu sehr großem Erfolg zu führen. Dabei ist häufig lediglich von einem Hobby der Reichen die Rede.

Falls jedoch nun ein Mäzen kein Interesse mehr an der Ausführung dieses Hobbys besitzt und ein Rückzug aus dem Sportgeschäft bevorsteht, droht dem Verein der finanzielle Ruin. Aufgrund dessen bietet ein Mäzen sowohl Vor- als auch Nachteile.

3. Entwicklung des Sportsponsoring

Die Geschichte des Sportsponsoring reicht bis zum Beginn des 20. Jahrhundert zurück. Die Kosten für die Olympischen Spiele oder Fußball-Weltmeisterschaften waren für die Staaten zu hoch, sodass sie von Sponsoren unterstützt wurden, um eine Sicherung derartiger Festspiele zu gewährleisten.

„In den 60er Jahren wurden erstmals Werbespots mit bekannten Fußballspielern, wie zum Beispiel Franz Beckenbauer, gedreht. Eine Systematisierung begann aber erst um 1970 mit der Legitimation des Sportsponsorings." (Rixen 2009: 6)

Jedoch gab es bereits vor der Legitimation des Sportsponsoring eine deutsche Mannschaft, die es mit Trikotwerbung versuchte. Denn Wormatia Worms, zu diesem Zeitpunkt finanziell angeschlagen, erhoffte sich ein wirtschaftliches Plus durch eine derartige Vermarktung.

„Als erste deutsche Mannschaft vermieteten die Wormser ihre Trikots an die amerikanische Baumaschinen-Firma Caterpillar Tractor Company. Der DFB stoppte die kickenden Schleichwerber durch ein Verbot." (Spiegel Online, 1967)

Wenn man heutzutage einen Blick in das 50-jährige Geschichtsbuch der höchsten Spielklasse Deutschlands wirft, trifft man gewiss auf den 24. März 1973. An diesem Samstag kam es zu einem außergewöhnlichen Ereignis, das den Grundstein für Sponsoring im deutschen Fußball legte.

Eintracht Braunschweig war der erste deutsch Verein, der das Logo eines Großunternehmens auf dem Trikot trug. Dabei mussten sie jedoch auf ihr Vereinswappen verzichten, um das Verbot des DFB zu umgehen. Es handelte sich hierbei um ein Verbot von Werbung jeglicher Art auf den Trikots.

Einzige Einschränkung beim Umgehen des Verbotes war eine festgelegte Maximalgröße des Logos von nicht mehr als 14 Zentimetern.

Bei diesem Unternehmen handelte es sich um den Kräuterlikör-Hersteller Jägermeister. All dies hatte der damalige Eintracht-Präsident Ernst Fricke in die Wege geleitet. Die glorreiche Idee für die Vermarktung kam ihm aufgrund der finanziell bedrohlichen Lage des Vereins. Frei nach dem Motto „Not macht erfinderisch" wandte er sich in dieser misslichen Situation an den ehemaligen Chef der Jägermeister AG Günter Mast.

Dieser war auf Anhieb begeistert und druckte schließlich den Jägermeister-Hirsch auf das Trikot der Eintracht. Dies hatte Mast sich damals 300.000 Mark für jedes Jahr kosten lassen (vgl. Trede 2008). Eine riesige Summe zu damaligen Zeiten, welche für Aufruhr sorgte. Einerseits war es die Tatsache, dass es sich bei dem Sponsor um einen hochprozentigen Alkoholhersteller handelte. Aufgrund dessen waren zahlreiche Trainer aus dem Jugendstab und Eltern, deren Kinder in Fußballvereinen spielten, empört.

Fußballer und Vereine haben eine gewisse Vorbildfunktion, da sie als Idol gesehen werden. Kinder und Jugendliche versuchen alles, was in ihrer Macht steht, um sich mit ihrem Idol zu identifizieren und passen sich dabei gelegentlich auf deren Verhaltensweisen an.

Falls nun ein Verein für hochprozentigen Alkohol wirbt, wirft dies natürlich ein schlechtes Licht auf den Verein, da Minderjährige gewillt sind, dem Hype um den Alkohol nachzugehen.

Andererseits waren sich viele Leute einig, dass Mast aus dieser Investition keine Früchte tragen wird. Mast war sich hingegen sicher, mit dieser Idee eine Marktlücke entdeckt zu haben und die Popularität seines Unternehmens so zu steigern.

Dabei brachte ihm nicht nur die Tatsache, dass sein Firmen-Logo auf dem Trikot zu sehen war Bekanntheit ein, sondern auch der langwierige Streit mit dem DFB um die Legitimierung, denn der Streit war wochenlang ein Thema in den Tageszeitungen.

Es dauerte nicht lange, bis das attraktive Geschäft mit den Sponsoren in der Liga die Runde machte. „Der Hamburger SV (Campari), Eintracht Frankfurt (Remington), der MSV Duisburg (Brian Scott) und Fortuna Düsseldorf (Allkauf) zogen nach und ließen ihre Trikots ebenfalls werbewirksam beflocken." (Trede 2008).

Schließlich konnte der DFB dem großen Interesse der Vereine, Sponsoren anzuwerben, nicht mehr standhalten und legalisierte die Trikotwerbung.

Ein weiterer Grund dafür war wahrscheinlich auch die Gründung der Privatsender, welche den öffentlich-rechtlichen Sendern den Rang abliefen.

Die Privatsender spielen eine wesentliche Rolle beim Sponsoring. Zum einen sind sie wichtig, da sie viel Geld investieren, um sich Übertragungsrechte für Sportarten zu sichern.

Zum anderen jedoch auch, da sie Hauptvermittler zwischen Sponsor und Rezipienten sind und ihm Werbebotschaften vermitteln.

„Für eine erneute Revolution in der Sponsoringlandschaft der Fußball-Bundesliga wollte 1983 der Kräuterlikörhersteller Jägermeister sorgen. Gegen eine beträchtliche weitere monetäre Unterstützung des wiederholt in starke Finanzprobleme geratenen Bundesligisten Eintracht Braunschweig sollte eine Vereinsumbenennung in Jägermeister Braunschweig erfolgen." (Woisetschläger/Backhaus/Dreisbach/Schnöring 2013: 9)

4

Von dieser Idee war der DFB jedoch alles andere als begeistert, sodass nach der Mitgliederzustimmung von Eintracht Braunschweig das Verbot der Änderung des Vereinsnamens zugunsten werblicher Zwecke erlassen wurde.

Falls dem Jägermeister-Chef Mast auch dieser Schachzug gegen den DFB gelungen wäre, hätte ihm dies gewiss erneut Unmengen an medialer Aufmerksamkeit beschert.

Auch zum Ende der 1980er Jahre ließ der Hype um die Sponsoren nicht abreißen. Mittlerweile besaß jeder der 18 Mannschaften der ersten Liga einen Sponsor. Die meisten von ihnen wandten sich auch an eine Vermarktungsagentur, um jede freie Werbemöglichkeit durch Sponsoren zu bedecken.

Die Wirkung der Werbung von Sponsoren nahm speziell in den 1990er Jahren zu. Es war Fernsehsendern nun möglich, dem Rezipienten eine Vielzahl von unterschiedlichen Kamerapositionen mit wesentlich besserer Qualität zu bieten.

Ein Beleg dafür sind die enorm gestiegenen Einnahmen durch Werberechte in diesen Jahren. „Beliefen sich die Gesamteinnahmen aus der Veräußerung des Werberechtes auf den Trikots der Erstliga-Vereine in der Saison 1990/1991 noch auf 19,1 Millionen DM, wurde die Einnahmeschwelle von 100 Millionen DM bereits in der Spielzeit 1998/1999 überschritten." (Schilhaneck, zitiert nach Woisetschläger/Backhaus/Dreisbach/Schnöring, 2013: 9).

Eine neue Form der Werbemöglichkeit wurde dann zur Jahrtausendwende auch innerhalb Deutschlands genutzt. Die Naming-Rights (Vermarktung von Namensrechten) setzten sich auch in der Fußball-Bundesliga durch, obwohl sie zuvor nur im amerikanischen Raum verbreitet war.

Den Grundstein dafür legte der Hamburger SV im Jahr 2001, indem die Namensrechte für das Volkspark-Stadion an den Online-Dienstleister AOL verkauft wurden.

Allgemein lässt sich sagen, dass sich die Einnahmen durch das Sponsoring in den letzten Jahren enorm erhöht haben. Nicht zuletzt auch durch die sozialen Medien wie zum Beispiel Facebook oder Twitter. Jeder Bundesligaverein besitzt bereits einen Account auf derartigen Plattformen. Durch regelmäßige Aktivitäten auf diesen Plattformen ist der Kontakt zu den Fans gewährleistet. Dabei bleibt natürlich auch der Name der Sponsoren nicht verborgen.

Ein weiterer Vorteil der sozialen Medien ist, dass man so Menschen auf der gesamten Welt erreichen kann. So steigert sich die Bekanntheit der Sponsoren auch im Ausland.

Mit Blick auf die Zukunft lässt sich auch für die kommenden Jahre ein Wachstum der Werbeeinnahmen prognostizieren, da die Entwicklung der Einnahmen in den letzten Jahren enorm vorangeschritten ist und sich dieser Verlauf mutmaßlich fortsetzen wird.

4. Sponsoring von Fußballmannschaften

Der Begriff des Sponsorings im Fußball wird meistens mit dem Leistungssport verbunden. Dabei wird jedoch meist der Breitensport nicht berücksichtigt. Doch bereits dort fängt das Sponsoring an, da sowohl Jugendliche als auch Erwachsene, welche im Breitensport tätig sind, von Sponsoren profitieren. Falls nun beispielsweise eine Fußballmannschaft im Breitensport den Spielern einen Trainingsanzug bereitstellen möchte, wird hier zumeist auch ein Sponsor angeworben. Hier lässt sich eine klare Parallele zum Leistungssport ziehen, da das Prinzip des Anwerben von Sponsoren nahezu identisch ist.

Der wesentliche Unterschied besteht lediglich darin, dass es sich zwischen Breiten- und Leistungssport um völlig andere finanzielle Dimensionen handelt.

Dies hängt jedoch auch damit zusammen, dass Gesponsorte und Sponsoren im Breitensport andere Interessen vertreten, als im Leistungssport.

Zunächst ist das grundlegende Interesse der Gesponsorten im Breitensport meist dasselbe. Die Vereine sind daran interessiert, ihren Spielern eine grundlegende Ausstattung an Trainingsbekleidung zu bieten. Wie viel den Spielern geboten werden kann, hängt jedoch auch mit der Größe des Unternehmens zusammen. Oft handelt es sich im Breitensport jedoch nicht um allzu große Unternehmen, sondern um lediglich in der Umgebung populäre Unternehmen.

Im Jugendbereich kommt es auch zum Teil dazu, dass Eltern der Spieler sich bereiterklären, die Mannschaft finanziell zu unterstützen. Dies machen die Eltern jedoch mit weitestgehend uneigennützigem Hintergrund. Das Hauptinteresse besteht darin, der Mannschaft unter die Arme zu greifen und dem eigenen Kind das Spielen mit einer guten Grundlage an Ausstattung zu gewährleisten.

Anders als bei den Eltern der Spieler gestalten sich die Interessen der Unternehmen im Sponsoring des Breitensports.

Wenn ein Unternehmen sich bereiterklärt, einen Verein im Breitensport finanziell zu unterstützen, zeugt dies von großer gesellschaftlicher Verantwortung. Diese Verantwortung besteht darin, dass der Verein diesem Unternehmen als Sponsoren völlig vertraut.

Dieses Vertrauen sollte in keinster Weise missbraucht werden, da es bei einem Vertrauensbruch zu einem dauerhaften Schaden des Images eines Unternehmens kommen kann.

Ein weiterer Grund für das Sponsoring eines Vereins ist das soziale Engagement eines Unternehmens. Sport ist gesund und falls dies von einem Unternehmen gefördert wird, wirkt sich dies positiv auf das Image aus. Außerdem soll dadurch deutlich werden, dass dem Unternehmen die Gesundheit der Menschen sehr wichtig ist.

Ob es den Unternehmen jedoch ausschließlich um die Gesundheit der Menschen geht, sei dahingestellt. Einige Unternehmen nutzen das Fördern eines Vereines auch lediglich, damit negative Vorkommnisse der Vergangenheit in Vergessenheit geraten. Dazu zählen beispielsweise sehr hohe Arbeitslosigkeit oder die Pleite eines Unternehmens.

Auch so kann das Sponsoring genutzt werden, um das Vertrauen der Menschen zurückzugewinnen.

Wie man im Breitensport zwischen überwiegend kleinen Unternehmen und vereinzelt auch Eltern als Sponsoren unterscheidet, so unterscheidet man im Leistungssport zwischen Großunternehmen und Mäzene.

Allerdings ist die Zahl der Großunternehmen als Sponsor wesentlich höher als die Anzahl an Mäzenen im Leistungssport bezogen auf den Fußball.

Auch die Interessen der Großunternehmen und der Mäzene weichen voneinander ab.

Das Hauptinteresse der Großunternehmen ist jedoch damals wie heute identisch. Die Bekanntmachung des Unternehmens in der Öffentlichkeit.

Kein anderer Aspekt steht bei den Unternehmen so im Vordergrund wie dieses Verlangen. Bereits vor Vertragsabschluss stellen sich die Unternehmen die Frage, ob sich das Sponsoring einer Mannschaft im Leistungssport positiv auf den Bekanntheitsgrad auswirken kann. Bei diesem Punkt herrscht jedoch Unstimmigkeit in der Öffentlichkeit.

Steigert das Sponsoring eines Vereins im Leistungssport die Popularität eines Unternehmens ebenso oder gar mehr als Werbung in Printmedien oder elektronischen Medien?

Um diese Frage zu beantworten, müssen mehrere Komponenten berücksichtigt werden.

Ein großer Faktor ist das Image des gesponsorten Vereins. Falls nun ein Verein ein besonders gutes Image hat, färbt dies auch positiv auf das Unternehmen ab. Um als Verein ein gutes Image zu besitzen, müssen jedoch einige Kriterien erfüllt werden. Es wäre beispielsweise vorteilhaft, wenn man den Verein als Traditionsverein bezeichnen kann, oder wenn er sich durch gute Wirtschaft ausgezeichnet hat.

Ein weiterer Faktor ist das sportliche Bestreben des Vereins. Falls ein Verein über Jahre konstant gute Leistungen bringt und sich im internationalen Geschäft etabliert, ist er auch in den Medien sehr präsent und häufig ein Thema. Vor allem der Aspekt des internationalen

Erfolgs reizt die Unternehmen sehr. Denn somit werden auch die Leute im Ausland mit dem Namen des Unternehmens konfrontiert.

Anders verhält es sich jedoch bei einer sportlichen Misere des Vereins. In diesem Fall werden die Unternehmen mit den sportlichen Leistungen des Vereins in Verbindung gebracht, auch wenn dort kein Zusammenhang hergestellt werden kann.

Ein weiterer Gesichtspunkt im Bezug auf Popularität von Unternehmen ist die Sportart an sich. Der Fußball ist in Deutschland die beliebteste Sportart und hat demnach auch eine außerordentlich große Präsenz in den Medien. Aufgrund dessen neigen die Unternehmen dazu, lediglich im Fußball als Sponsor tätig zu sein, da in keiner anderen Sportart die Vorteile derartig lukrativ sind, wie im Fußball.

Zusammenfassend lässt sich sagen, dass das Sponsoring im Fußball der Werbung in Printmedien und elektronischen Medien einen Schritt voraus ist. Nicht allein aufgrund der Tatsache, dass auch diejenigen durch das Sponsoring erreicht werden, welche keinen Wert auf Printmedien legen. Auch die Werbung in elektronischen Medien ist nicht so vielversprechend, da sie meist nur innerhalb von einem kurzen Zeitraum ausgestrahlt wird und deswegen nur wenige Rezipienten erreicht.

Optimal wäre jedoch ein Zusammenspiel zwischen den genannten Medien und dem Sponsoring. So ergäbe sich eine „Win-Win-Situation". Die Medien werden durch finanzielle Mittel der Sponsoren unterstützt und strahlen im Gegenzug Werbung für das Unternehmen als Sponsoren aus, um die maximale Anzahl an Konsumenten zu erreichen.

Das Interesse an einer Steigerung der Bekanntheit ist in gewisser Weise auch bei den Mäzenen vorhanden. Sie genießen es, in der Öffentlichkeit zu stehen und scheuen sich nicht davor, große Geldsummen zu investieren. Dass sie diese Geldsummen jedoch nie wieder sehen werden, stört sie keineswegs, da es sich bei den Mäzenen meist um Multi-Milliardäre handelt.

Sie haben lediglich ein Ziel vor Augen: Den Verein zu größtmöglichem Erfolg führen.

Wenn möglich ganz nach dem Vorbild von Roman Abramowitsch, dem es als Mäzen des Chelsea FC gelang, die Champions League-Trophäe im Jahr 2012 zu gewinnen.

Neben dem sportlichen Erfolg gibt es jedoch auch andere Motive, warum ein Mäzen sich bereiterklärt, hohe Geldsummen in einen Verein zu investieren. Zwar wird oft behauptet, dass es sich bei den Mäzenen nur um Fußball-Fanatiker handelt, welche bereit sind, alles für ihren Verein zu geben. „Die meisten behaupten, zu dieser Sorte zu gehören, weil das so grossherzig klingt. Aber in Wahrheit gibt es nur wenige von ihnen. Die meisten haben andere Motive." (Clalüna 2014).

Um welche Motive es sich genau handelt lässt sich jedoch nur vermuten. Eines ist sicherlich das Verlangen, sich in das Geschehen eines Vereins durch finanzielle Förderung einzumischen. Daraus resultiert auch ein gewisses Mitbestimmungsrecht, beispielsweise welche Spieler verpflichtet oder verkauft werden, oder auch welcher Trainer die Mannschaft leiten darf.

Dieses Mitbestimmungsrecht birgt jedoch ein gewisses Maß an Risiko. Denn die Mäzene sind nicht dafür bekannt, dass sie genug Geduld an den Tag legen. Falls sie also mit der momentanen Leistung des Vereines unzufrieden sind, werden direkt Veränderungen durchgeführt. In den meisten Fällen trifft es dann den Trainer, der seinen Platz räumen muss, da er das Team nicht zu dem gewünschten Erfolg geführt hat.

Allerdings kann es auch die Spieler treffen, welche bei einer Misere hart kritisiert oder gar ausgetauscht werden. Oft werden dann in den Transferperioden zahlreiche neue Spieler verpflichtet, welche die Mannschaft wieder auf die Erfolgsspur bringen sollen.

Dabei handeln die Mäzene nach dem Motto „Geld schießt Tore". Darunter versteht man, dass viel Geld in neue Spieler investiert wird, um die Mannschaft effizient zu verbessern.

Da Spielern mit einem hohen Marktwert auch hohe fußballerische Qualitäten zugesprochen werden, lässt sich behaupten, dass teure Spieler auch mehr Tore erzielen.

So lässt sich das Motto der Mäzene also verstehen. Jedoch kann auch der Fall eintreten, dass die Mäzene sich lediglich von dem großen Namen eines Spielers blenden lassen, dieser jedoch in keinerlei Hinsicht in das Spielsystem der Mannschaft passt.

Aufgrund dessen ist häufig davon die Rede, dass Mäzene einen Verein und deren Spieler ruinieren.

Neben all den Vorteilen gibt es auch einige Nachteile von Sponsoring im Fußball.

Eines der größten und umstrittensten Nachteile ist wohl das Preis-Leistungs-Verhältnis.

Das Sponsoring ist insofern riskant, dass im Vorfeld niemand weiß, welche Auswirkungen dies auf die Öffentlichkeit hat. Die Medienresonanz lässt sich vor Vertragsabschluss zwischen Sponsor und Verein nicht bestimmen. Von daher müssen sich die Unternehmen auch auf ein gewisses Risiko einlassen, wenn sie das Sponsoring eines Vereins in Erwägung ziehen.

Ein weiteres Merkmal für einen negativen Aspekt beim Sponsoring im Fußball ist, dass es zu einem Schaden des Images kommen kann. Für den Fall, dass ein Verein für negative Schlagzeilen sorgt, zum Beispiel durch hohe Verluste über mehrere Jahre oder das Doping von Spielern, wird dies auch mit dem Sponsor in Verbindung gebracht.

Von daher bevorzugen es viele Sponsoren auch, sich auf Vereine zu spezialisieren, statt auf Einzelpersonen. Denn bei Einzelpersonen ist das Risiko wesentlich höher, einen Imageverlust zu erleiden, da sie durch Doping oder Alkohol einen Absturz in ihrer Karriere hinnehmen müssen, welcher gleichbedeutend mit einem hohen Verlust des Sponsors ist.

5. Vergleich von Interessen und Zielen unterschiedlicher Großsponsoren

5.1 Red Bull

Wenn man sich die geographische Verteilung der Vereine aus der ersten Fußball-Bundesliga anschaut, fällt schnell auf, dass überwiegend Vereine aus dem Westen vertreten sind. Lediglich Hertha BSC Berlin ist noch in der Bundesliga vertreten. Jedoch hat die Hertha keine ostdeutsche Fußball-Vergangenheit, da sie nicht zu den DDR-Vereinen gehörte.

Die glorreichen Zeiten der DDR-Vereine sind vorbei, seitdem Energie Cottbus 2009 aus der Bundesliga abgestiegen ist.

Allerdings gibt es dort einen Mann, der diese fußballerische Misere der ostdeutschen Vereine beenden will und dabei keine finanziellen Mittel scheut. Sein Name ist Dietrich Mateschitz, Gründer der Red Bull GmbH. Er hat am 19. Mai 2009 den Verein SSV Markranstädt übernommen und in RB Leipzig umgewandelt. Dabei steht die Abkürzung jedoch nicht für „Red Bull", sondern für „RasenBallsport". Dass es sich hierbei um die Anfangsbuchstaben von „Red Bull" handelt, ist allerdings kein Zufall. Einzig das Regelwerk des DFB verhinderte, dass es zu einer Namensgebung zu Werbezwecken gekommen ist.

Die Ziele des RB Leipzig sind klar gesteckt. Der schnellstmögliche Aufstieg in die höchste deutsche Spielklasse. Derzeit befinden sie sich in der 3.Liga und stehen unmittelbar vor dem Aufstieg in die 2. Bundesliga. „Doch unser Weg ist noch lange nicht zu Ende, denn wir wollen dem Fußball in dieser so sportbegeisterten Stadt wieder den Stellenwert geben, den Leipzig und den die Region verdient hat." (RB Leipzig e.V. 2014)

Diese Kampfansage lassen sie auf ihrer Homepage verlauten und geben so zu verstehen, dass in den nächsten Jahren mit ihnen zu rechnen ist, gerade aufgrund ihrer nahezu uneingeschränkten finanziellen Möglichkeiten.

Das Konzept des Vereins ist jedoch sehr umstritten und führt oft zu Diskussionen.

„Viel Kommerz und Geld, wenig Tradition, dazu Alt-Profis, die den Verein ganz nach oben schießen sollen." (Hennig 2013). Als sie jedoch merkten, dass dieses Konzept nicht zum Erfolg führt, kam es zu einem Umbruch im Verein. Von nun an wird der Fokus auf die

Jugendabteilung gelegt. Auch ein Trainingszentrum wurde für satte 30 Millionen Euro errichtet. Bezahlt selbstverständlich vom Sponsor Red Bull.

Falls RB Leipzig auch in Zukunft Erfolge verbuchen können und den Aufstieg in die 2.Bundesliga schafft, könnte es zu Komplikationen mit der Deutschen Fußball Liga (DFL) in Sachen Lizenzrecht kommen. Denn die „50+1"-Regelung könnte dem RB Leipzig die Lizenz für die 2. Bundesliga verweigern. Diese Regelung besagt, dass ein Verein 50 Prozent zuzüglich einer Stimme besitzen muss. Dadurch wird die Übernahme von Großinvestoren verhindert, um die Tradition der Vereine zu erhalten.

Die aktuelle Situation beim RB Leipzig würde also eine Lizenzierung für die 2. Bundesliga nicht gewährleisten, da der Verein völlig in der Hand von einem Unternehmen ist und auch von diesem geleitet wird. Dazu kommt, dass eine Mitgliedschaft derzeit nicht gewährleistet ist und jederzeit abgelehnt werden kann. Auch dies ist der DFL ein Dorn im Auge. Ein weiterer Aspekt ist, dass die Führungsetage lediglich aus Mitarbeitern der Red Bull GmbH besteht und niemand von ihnen in Leipzig wohnt.

Ob die Lizenz wirklich in Gefahr ist bleibt jedoch offen und entscheidet sich erst in naher Zukunft. Fakt ist jedoch, dass auch die „50+1"-Regel vor der Macht von Red Bull nicht sicher ist. Denn wenn ihnen die Lizenz verweigert wird, leitet der Verein, allen voran Red Bull, mutmaßlich juristische Schritte ein. Dabei wird oft die enorme Macht des Großunternehmens unterschätzt, doch bereits im Voraus möchte sich niemand gerne gegen den Verein auflehnen.

Ungeachtet dessen umging RB Leipzig in der Vergangenheit schon einmal dem Gesetz des DFB. Denn Paragraph 15 Absatz 2 besagt, dass Änderungen, Ergänzungen oder Neugebungen von Vereinsnamen und Vereinszeichen zum Zwecke der Werbung unzulässig sind (vgl. Deutscher Fußball-Bund e.V., 2001: Satzung und Ordnungen). Allerdings machte der Verein keine Anstalten die Marke Red Bull zu verstecken. Überall taucht der Name des Großunternehmen auf. Sie selbst nennen sich sogar die „Roten Bullen".

Dies ist jedoch nicht die einzige Gemeinsamkeit, denn auch zwischen dem Vereinswappen und dem Logo von Red Bull gibt es nur sehr wenige bis gar keine Unterschiede.

Ein Aspekt könnte RB Leipzig bei der Lizenzvergabe in die Karten spielen. Die „50+1"-Regel ist in den Satzungen des DFB nicht so gefestigt, dass sie vor Gericht unumstritten ist. So wäre es RB Leipzig also möglich, sich die Lizenzierung einzuklagen.

Es bleibt also abzuwarten, wie die Entwicklung in Leipzig fortgesetzt wird. Die meisten Vereine und Fans stehen dem Projekt jedoch kritisch gegenüber, da der Verein einen Inbegriff für Kommerzialisierung im Fußball darstellt und dieses in Deutschland grundlegend abgelehnt wird.

Dass RB Leipzig nicht das einzige Projekt des Getränkeherstellers ist, zeigen Vereine im Ausland, welche ebenfalls von Red Bull übernommen worden sind. Dabei handelt es sich um FC Red Bull Salzburg, New York Red Bulls, Red Bull Brasil und Red Bull Ghana. Der wohl erfolgreichste Verein unter ihnen ist der FC Red Bull Salzburg. Diesem Verein ist es nach der Übernahme durch Red Bull bereits gelungen, einen Meistertitel zu erringen und in der Europa-League mitzuwirken. Auch in diesem Jahr stehen sie erneut vor dem Meistertitel und streben die Teilnahme in der Champions-League an.

Genau diese Vorstellungen hat Red Bull Gründer Mateschitz auch mit dem RB Leipzig. Den Durchmarsch von der momentan 3. Liga, bis hin zur 1. Bundesliga mit Aussicht auf eine Platzierung, welche das Erreichen der Champions League-Gruppenphase ermöglicht.

Allerdings hatte es Red Bull besonders in Europa nicht leicht, diese Absichten zu verfolgen. Größter Gegner waren die Fans, welche um die Tradition ihres Vereines bangten. In Leipzig war die Stimmung zwiespältig. Einerseits sehnten sich die Menschen im Osten nach gutem Fußball und einem Verein, der sich zukünftig in der 1. Bundesliga etablieren kann, andererseits bangten Traditionsvereine in Leipzig um ihren Status. Jahrelang stand das Duell zwischen dem 1. FC Lokomotive Leipzig und dem FC Sachsen Leipzig über allen anderen Partien in der ostdeutschen Provinz. Dieses Duell hat jedoch auch an Brisanz verloren, da die großen Zeiten beider Vereine der Vergangenheit angehören. Dass nun mit RB Leipzig ein weiterer Verein aus Leipzig dazu gestoßen ist, wird von den meisten Fans aus der Region abgelehnt. Sie haben Angst davor, bald keine Rolle mehr zu spielen, da sich alles nur noch um RB Leipzig dreht.

Ähnlich verhielt sich die Lage in Österreich, wo die beiden Vereine FK Austria Wien und SK Rapid Wien die Liga dominierten. Als nun Red Bull den SV Austria Salzburg übernahm, wendete sich das Blatt und seitdem bestimmt FC Red Bull Salzburg das Geschehen in der Liga. Ebenso wie in Leipzig verzichtete Red Bull auf die Übernahme von einem Verein mit langjähriger und erfolgreicher Tradition. Viel zu groß waren die Sorgen, dass sich die Fans gegen den Verein stellen und so die Übernahme durch Red Bull unmöglich machen.

Da die Fans des SV Austria Salzburg keine allzu große Gegenwehr leisteten, wurde es Red Bull ermöglicht, den Verein zu übernehmen und aus ihm den FC Red Bull Salzburg machten.

Es dauerte nicht allzu lange, bis die Fans des ehemaligen SV Austria Salzburg sich vom Verein abkehrten und aus eigener Hand den Sportverein Austria Salzburg gründeten. Auch wenn der Verein nur in der Regionalliga Österreichs spielt, ist es ihnen wichtiger, ihren Verein am Leben zu erhalten, statt das Logo des Getränkeherstellers Red Bull auf dem Trikot zu tragen.

Anders verhält sich die Situation hingegen bei den New York Red Bulls. In der Major League Soccer steht eine Wachablösung der Los Angeles Galaxy durch die New York Red Bulls bevor.

„Dazu gehört in der amerikanischen Sportwelt vor allem folgende Regel: Erfolg über Tradition. Wenn ein Team Erfolg hat, ist es egal, von wem es gesponsort wird oder wer der Besitzer ist." (Barthold 2010)

Daran wird deutlich, dass der Erfolg im Vordergrund steht und nicht die Tradition eines Vereines, so wie es in Europa der Fall ist.

Ob Mateschitz sich mit der Tatsache beschäftigt, dass ein Traditionsverein zerstört wird, ist eher unwahrscheinlich. Für ihn stehen andere Faktoren im Mittelpunkt. Der wohl größte ist die Vermarktung seines Energy Drinks. Diesen will er über den gesamten Kontinent verbreiten, um den Umsatz weiterhin anzukurbeln. Um dies zu erreichen, verfolgt er bei der Übernahme von Vereinen ein bestimmtes Konzept. So lässt sich beobachten, dass sich die Vereine, welche in der Hand von Red Bull sind, über die ganze Welt verteilt sind.

RB Leipzig und FC Red Bull Salzburg befinden sich in Europa, die New York Red Bulls in Nordamerika, Red Bull Brasil in Südamerika und Red Bull Ghana in Afrika. Dahinter verbirgt sich offenkundig das Interesse, die Popularität des Getränks auch auf anderen Kontinenten zu erhöhen. Beim Betrachten der Umsatzzahlen fällt auf, dass sie dieses Ziel erreicht haben. „2013 wurden weltweit 5,387 Milliarden Dosen Red Bull verkauft, das bedeutet ein Plus von 3,1% gegenüber dem bereits sehr erfolgreichen Jahr 2012. Der Unternehmensumsatz stieg von 4,930 Mrd. Euro erstmals über die 5-Milliarden-Euro-Marke auf 5,040 Mrd. Euro." (Red Bull GmbH 2014)

An dieser Umsatzmaximierung lässt sich die Bedeutungskraft des Sportsponsoring für Red Bull definieren. Auch in Zukunft wird nicht damit zu rechnen sein, dass der Erfolg von Red Bull zurückgeht, da die sportliche Entwicklung der von Red Bull übernommenen Vereine weiter ihren Lauf nimmt. Dass Dietrich Mateschitz mit diesem Konzept auf Unmut bei zahlreichen Fußballfans trifft, erscheint ihm nur zweitrangig.

5.2 Unicef

Wenn man zwischen Unicef und Red Bull Parallelen ziehen möchte, gibt es nicht viele Gemeinsamkeiten. Eines haben sie jedoch gemeinsam: Sowohl Unicef als auch Red Bull belegen Werbeflächen auf Trikots von Fußballvereinen. Dies verbinden sie jedoch mit völlig anderen Interessen. Es gibt sogar Unterschiede, wie es beiden gelungen ist, die Werbefläche auf den Trikots zu belegen. Während es bei Red Bull der Fall war, dass sie Vereine übernahmen, um das Logo auf den Trikots zu präsentieren, schloss Unicef mit dem FC Barcelona eine Partnerschaft ab. Im Gegensatz zu Red Bull, welche hohe Summen an die Vereine für das Sponsoring bezahlen, erhält Unicef sogar Geld für die Partnerschaft.

Aus diesem Grund lässt sich bei Unicef auch nicht direkt über Sponsoring sprechen, obwohl sie ihr Logo auf den Trikots des FC Barcelona präsentieren. Denn sie erbringen keine Gegenleistung in Form von monetären Mitteln oder Dienstleistungen gegenüber dem Verein. Ausschließlich in sozialer Hinsicht zieht der FC Barcelona einen Nutzen aus dieser Partnerschaft.

Bei Unicef handelt es sich um ein Kinderhilfswerk aus den Vereinigten Nationen, welches die Kinderrechte für jedes Kind verwirklichen will. Dabei soll jedes Kind gesund groß werden und sich seinen Fähigkeiten gemäß entwickeln können, unabhängig von seiner Hautfarbe, Religion oder ethnischen Zugehörigkeit. (vgl. Deutsches Komitee für Unicef 2013)

Wenn nun also ein europäischer Spitzenclub wie der FC Barcelona ein derartiges Hilfsprojekt mit 1,5 Millionen Euro im Jahr unterstützt und im Gegenzug auf Geld durch Sponsoren verzichtet, wird der Verein natürlich in ein positives Licht gerückt. Denn dies zeigt, dass es dem FC Barcelona nicht vorwiegend um sehr viel Geld geht, sondern die Gesundheit der Kinder im Vordergrund steht.

Allerdings gab es selbst bei der Unterstützung dieses Hilfsprojekt einige kritische Stimmen unter den Fans des FC Barcelona. Barcelona ist die Hauptstadt der Provinz Katalonien.

In diesem Landesteil Spaniens identifizieren sich die Menschen sehr mit ihrer Provinz und sind sehr nationalistisch veranlagt. Dies geht so weit, dass die Fans den FC Barcelona als die katalonische Nationalmannschaft sehen. Aufgrund dessen war es traditionell üblich, dass der FC Barcelona auf Trikotwerbung verzichtet, da Nationalmannschaften nicht für Vermarktung von Werbeplätzen auf Trikots bekannt sind. Da es sich bei Unicef jedoch um einen guten Zweck handelte, beruhigte die Gemütslage der Fans.

Dass jedoch auch ein europäisch hoch angesehener Verein wie der FC Barcelona irgendwann auf die Vermarktung von Trikotwerbung angewiesen ist, zeigt das Jahr 2011.

In diesem Jahr war es erstmals der Fall, dass der Verein den Werbeplatz auf seinem Trikot vermarktete, entgegen aller Tradition. Denn der Verein schloss einen Vertrag mit der Qatar Foundation ab, eine Stiftung aus Katar.

Sie einigten sich auf eine Zusammenarbeit bis 2016, die sich der Verein mit insgesamt 165 Millionen Euro vergolden lässt. Pro Jahr fließen 30 Millionen an Barca - Weltrekord. (vgl. Axel Springer SE 2010)

Zwar besteht die Partnerschaft mit Unicef und dem FC Barcelona weiterhin, jedoch spielt Unicef nicht mehr eine so große Rolle, wie noch vor 2011.

Daran wird deutlich, dass es sich ein hoch verschuldeter Verein wie der FC Barcelona nicht erlauben kann, auf Trikotwerbung zu verzichten.

Auch wenn sich das Logo von Unicef weiterhin auf dem Trikot des FC Barcelona befindet, wird der Schriftzug „Qatar Foundation" einen wesentlicheren Bestandteil des Werbeplatzes einnehmen.

Nun wirft sich jedoch die Frage auf, welchen Nutzen diese Stiftung von der Trikotwerbung hat. Bei Betrachtung des Preis-Leistungs-Verhältnisses fällt auf, dass der Preis eindeutig überwiegt. Denn da diese Stiftung kein Produkt oder etwas Ähnliches zu vermarkten hat, tragen sie nur sehr geringen Nutzen aus diesem Sponsoring.

Lediglich die internationale Bekanntschaft steigert sich durch die Trikotwerbung enorm.

Ob diese gesteigerte Bekanntschaft der Stiftung wirklich den Aufwand von 30 Millionen Euro jährlich ersetzt, bleibt dahingestellt.

6. Fazit

Wie in der Einleitung angedeutet, lassen sich zwischen Red Bull und Unicef klare Differenzen erkennen. Ziel der Facharbeit war es, die Interessengebiete von Sponsoren zu beleuchten, ohne dabei die Entwicklung zu vernachlässigen.

Zu diesem Zweck wurde sowohl zwischen Sponsoring im Breiten- und Leistungssport als auch das Sponsoring als Einzelperson und das Sponsoring durch ein Unternehmen erläutert.

Dabei ergaben sich erstaunlich viele Gemeinsamkeiten zwischen Breiten- und Leistungssport, welche zuvor unentdeckt blieben.

Im Laufe der Facharbeit konnten aufgrund der intensiven Auseinandersetzung mit dem Unternehmen Red Bull und der Stiftung Unicef tiefe Einblicke und neue Eindrücke gewonnen werden, welche ohne diese Facharbeit mutmaßlich nie entstanden wären.

Mit Blick auf die Zukunft wird das Sportsponsoring im Fußball mutmaßlich in den nächsten Jahren neue Dimensionen erreichen. Schon jetzt stellen die Sponsoren den Vereinen immer mehr Geld zur Verfügung, da das Geschäft des Sponsorings immer lukrativer wird.

Ob in Zukunft jedoch auch noch eine Chancengleichheit herrscht, ist ungewiss, da die Disparitäten der Sponsorengelder immer größer werden.

Außerdem bleibt abzuwarten, ob Red Bull in ferner Zukunft den internationalen Fußball prägen wird, oder ob das Projekt, speziell in Deutschland, zu scheitern droht. Spannend wird auch sein, welche Ausmaße das Sponsoring durch Red Bull zukünftig nimmt und inwieweit das Unternehmen noch in der Lage ist, die Umsatzzahlen auszubauen, oder ob der Umsatz stagniert.

7. Literaturverzeichnis

7.1 Primärliteratur

Hermanns, Arnold (1997): Sponsoring: Grundlagen, Wirkungen, Management, Markenführung

Rixen, Stephan (2009): Sponsoring-Maßnahmen im Profisport am Beispiel Fußball

Woiesetschläger, David M./ Backhaus, Christof/ Dreisbach, Jan/ Schnöring, Marc (2013): Fußballstudie 2013; Die Markenlandschaft der Fußball-Bundesliga

7.2 Internetquellen

Axel Springer SE (2010): FC Barcelona verkauft seine Brust an Katar
URL: http://www.welt.de/sport/fussball/article11528332/FC-Barcelona-verkauft-seine-Brust-an-Katar.html [Stand: 16.03.14]

Barthold, Daniel (2010): Geld verleiht Flügel
URL: http://www.stern.de/sport/fussball/red-bull-im-profi-fussball-geld-verleiht-fluegel-1589623.html [Stand: 16.03.14]

Clalüna, Flurin (2014): Motive der Geldgeber
URL: http://www.nzz.ch/aktuell/sport/fussball/die-motive-der-geldgeber-1.18239381 [Stand: 16.03.14]

Deutscher Fußball-Bund e.V. (2001): Satzung und Ordnungen
URL: http://www.dfb.de/uploads/media/02_Satzung_14.pdf [Stand: 16.03.14]

Deutsches Komitee für Unicef (2013): Über uns
URL: http://www.unicef.de/ueber-uns/faq [Stand: 16.03.14]

Hennig, John (2013): Stilbruch bei den Roten Bullen

URL: http://www.zdfsport.de/Konzept-statt-Tradition-29099392.html [Stand: 16.03.14]

RB Leipzig e.V. (2014): Über uns
URL: http://www.dierotenbullen.com/verein.html [Stand: 16.03.14]

Red Bull GmbH (2014): Unternehmenszahlen
URL: http://energydrink-de.redbull.com/unternehmen [Stand: 16.03.14]

Schröter, Dirk (2014): Wann ist man Sponsor und wann Mäzen?
URL: http://www.vibss.de/marketing/sponsoring/grundlagen/abgrenzung-sponsoring-zum-maezenatentum-und-spendenwesen/ [Stand: 16.03.14]

Spiegel Online (1967): Trikots vermietet
URL: http://www.spiegel.de/spiegel/print/d-46197091.html [Stand: 16.03.14]

Trede, Broder-Jürgen (2008): 35 Jahre Trikotwerbung
URL: http://einestages.spiegel.de/static/topicalbumbackground/1978/re_kla_me_o_ho.html
[Stand: 16.03.14]